PROJET

D'ÉTABLISSEMENT

DE LA

BIBLIOTHÈQUE NATIONALE

Dans l'Édifice ci-devant destiné à la
Paroisse de la Magdelaine;

*PAR A. J. B. G. GISORS, le jeune,
Inspecteur des Bâtimens du Conseil des Cinq-
Cents, et Architecte.*

De l'Imprimerie des SCIENCES et ARTS,
rue et butte des Moulins, N.º 500.

AN VII.

AVANT--PROPOS.

DEPUIS long-temps en vain, et toujours avec raison, les amis des Sciences, des Lettres et des Arts, gémissaient de savoir journellement exposée à une perte incalculable, et en partie irréparable, la principale et l'une des plus précieuses richesses de la France. Qui ne frémirait en effet, en pensant que l'édifice dans lequel sont réunies la plupart des productions de l'esprit humain, est d'une nature de construction très combustible, et que de plus il est contigu à plusieurs bâtimens eux-mêmes exposés à devenir à chaque instant la proie des flammes?

Le Gouvernement, frappé de l'imminence des dangers auxquels depuis beaucoup trop long-temps est exposée la Bibliothèque nationale, vient de fixer ses regards sur cet important objet, et manifester l'intention de pourvoir bientôt, d'une manière efficace, à la sûreté du dépôt précieux contenant, avec l'une des plus complètes collections de ce qu'ont produits la presse et le burin, d'autres productions uniques, qu'une bibliomanie sans doute nécessaire, conserve manuscrites. Le Gouvernement a dû s'attendre qu'à la nouvelle de ses louables intentions, des Artistes s'empresseraient de les seconder en s'occupant de suite à composer des projets qui réunissent tous les avantages susceptibles de concourir à la sûreté et à la commodité d'une grande Bibliothèque publique. Son espoir n'aura sans doute pas été trompé; il n'aura pas ouvert inutilement au Génie des Arts, l'une des plus belles carrières qu'il puisse désirer parcourir : néanmoins on regrette que dans ces occasions favorables aux progrès des Arts, progrès toujours résultans de la concurrence, quelques uns de nos plus habiles Artistes refusent d'entrer en lice, par cela seul qu'ils redoutent de certains adversaires aux efforts desquels on ne peut opposer qu'un genre d'escrime indigne des Arts. En effet, j'ai la preuve acquise que ces adversaires trop communs, savent envelopper leur impéritie d'une prépondérance aussi étonnement acquise que leur réputation, pour user avec une adroite perfidie, d'une tactique mystérieuse par laquelle ils parviennent non seulement à écarter tout ce qui peut désiller l'œil du Ministre sur leur compte, mais encore à étouffer toutes productions rivales des leurs, et conséquemment destructives de leurs projets ambitieux; mais le prestige à la faveur duquel des manœuvres insidieuses ont pu triompher, serait bientôt éclipsé par l'éclat des talens que j'invoque, comme étant les seuls titres donnant le droit de militer pour les Arts.

Quant à moi, je connais trop la mesure de mes forces pour penser qu'un tel droit me soit acquis; et ce n'est qu'à raison de l'insuffisance de mes moyens, que j'engage les Artistes, mes maîtres, à ne pas laisser échapper les occasions de saper tout ce qui nuit aux progrès des Arts, qu'ils doivent féconder par des modèles qui traceraient la route de la perfection à ceux qui, comme moi, n'ont pas encore atteint celle de l'Art qu'ils professent.

Néanmoins, convaincu que l'exercice des facultés intellectuelles et des talens qu'elles nous ont acquis, ne peut que reculer les limites de nos connaissances, c'est en cédant au désir d'étendre les miennes, que j'ose entrer en concurrence sur un projet relatif à un nouvel établissement de la Bibliothèque nationale.

Que ceux des Architectes mes contemporains, qui croiraient devoir prétendre au privilége exclusif de traiter et d'exécuter ce beau sujet, ne m'accusent pas de commettre ici un acte attentatoire à des droits que je ne veux pas, plus que je ne le peux, leur contester, mais seulement à la participation desquels je tiens à honneur de prétendre. De telles prétentions pourront leur sembler téméraires, même audacieuses; dumoins ils n'en devront concevoir aucune inquiétude, car j'entre en lice avec de si faibles armes, qu'ils pourront me battre sans danger, et conséquemment triompher de moi sans gloire.

Je laisse à des athlètes plus dignes d'eux, le soin de leur offrir un triomphe plus mérité.

INTRODUCTION

A LA

DESCRIPTION DU PROJET.

DES considérations majeures et primordiales commandent le prompt déplacement de la Bibliothèque nationale, et son établissement dans un lieu sûr. D'autres considérations moins pressantes, et non moins essentielles, et relatives à la vicieuse distribution de l'Edifice qui la contient, ajoutent à la nécessité de la changer de position, celle de transformer sa disposition présente. Le principe élémentaire du programme à suivre dans la composition du projet relatif à un tel déplacement, devait être constitué en raison inverse des considérations précitées, puisque ces considérations portent: 1.° sur ce que les Bâtimens contigus à la Bibliothèque nationale, sont d'une nature de construction facile à incendier, et que parmi ceux qui lui sont circonvoisins, il en est un qui, à raison de l'usage auquel il est consacré, est plus que tout autre exposé aux dangers de l'incendie ; 2.° sur ce que l'Edifice qui contient la Bibliothèque, ne résisterait pas à l'attaque du feu, parce que plusieurs de ses parties sont construites en bois, et qu'en outre quelques uns de ses murs sont dans un état de dégradation et de vétusté qui favoriserait indubitablement la prompte communication des flammes ; 3.° sur ce que les démolitions déjà proposées pour isoler de toute part cet Edifice, ne contribueraient que très imparfaitement à sa sûreté, puisque ces démolitions telles multipliées que puisse le permettre le quartier où elles auraient lieu, ne formeraient point un isolement assez étendu pour parer à la violence et à la communication des flammes d'un incendie voisin ; 4.° sur ce que ce n'est pas au milieu du tourbillon des affaires financières et commerciales, et du fracas qu'elles entraînent, que doit rester placé un lieu d'étude, d'ailleurs peu fréquenté de ses voisins présens ; 5.° et enfin sur ce que cette merveilleuse institution ne peut avoir toute l'extension dont elle est susceptible, dans un local beaucoup trop étroit, qui réunit au désagrément d'une disposition vicieuse dans toutes ses parties, le désavantage d'un extérieur misérable et peu digne des productions sublimes qu'il renferme.

J'ai donc conçu et étudié un projet relatif à l'établissement de la Bibliothèque nationale, en raison inverse des inconvéniens qui motivent aujourd'hui son déplacement : conséquemment construction incombustible, isolement général, position convenable et sûre, distribution commode et décoration caractéristique, sont les données que j'ai tâché d'observer dans la composition du projet duquel va suivre la description.

Il est à propos de faire savoir avant d'entrer en détail sur mon projet, que j'ai voulu profiter de la nécessité de déplacer la Bibliothèque nationale, pour sauver du marteau destructeur un Édifice dont une de ses parties extérieures mérite la sollicitude du Gouvernement et des Artistes.

Le Bâtiment commencé pour être par suite consacré au culte catholique, sous le titre de Paroisse de la Magdelaine, m'a d'abord, à raison de sa situation isolée, semblé propre à contenir le dépôt précieux de la conservation duquel je me suis occupé; mais à la première inspection de cet Edifice, je ne le jugai pas d'une étendue proportionnée à l'immense quantité des objets à y classer : cependant en étudiant son plan de diverses manières, en m'écartant des procédés adoptés jusqu'à présent dans les dispositions des Bibliothèques, en augmentant de dimension quelques unes de ses parties, je suis enfin parvenu à y pratiquer une quantité d'armoires plus que double de celles existantes maintenant dans le local à abandonner. Toutes ces armoires sont pratiquées dans diverses salles où les Livres, les Manuscrits, les Estampes et les Médailles, seraient par ordre de matière, commodément et très distinctement classés.

Il est à remarquer qu'en moins de trois ans, et par des moyens de spéculation, je parviendrais à opérer le déplacement de la Bibliothèque nationale et son rétablissement dans le local dont il vient d'être fait mention, sans que pour ce, le Gouvernement ait à puiser dans le Trésor-public. Pensant que les conjonctures présentes ne peuvent être favorables au développement des idées que j'ai conçu sur l'exécution de mon projet, j'ai jugé à propos de reculer à des temps moins critiques la publicité de mes moyens.

DESCRIPTION

GÉNÉRALE DU PROJET.

Cette description générale est divisée en trois parties qui comprennent : l'une la description particulière du plan, l'autre celle de la coupe, et la troisième celle de l'élévation.

DESCRIPTION DU PLAN.

LA division du plan de la Bibliothèque nationale, que je projette sur l'Edifice destiné ci-devant à la Paroisse de la Magdelaine, est autant que possible assujettie aux dispositions et proportions présentes de cet Edifice. Elle est encore en partie déterminée par des fondations existantes et provenant d'un premier projet composé par CONTENT d'Ivry, pour ladite Paroisse. A l'effet de rendre compte des sujétions auxquelles je me suis scrupuleusement asservi, j'ai joint aux dessins de mon projet, un plan comparatif où

A 6

le noir indique les constructions existantes, et le rouge les constructions projetées. Ce plan est ma réponse à la critique qui sans doute aura lieu sur la disposition générale du plan de mon projet.

Le sol du carrefour formé par le Boulevard, les rues Honoré et de la Révolution, est à-peu-près à quatre mètres au dessous de la base des colonnes qui composent le porche de l'Édifice sur lequel je projette. Cette différence de niveau me procure l'avantage d'un soubassement composé d'un large péron, lequel est flanqué de deux Corps-de-garde pour pompiers ( ) et soldats. Derrière ces Corps-de-garde et parallèlement aux faces latérales dudit porche, sont deux cours environnées de portiques, devant servir de remises et de dépôts aux pompes et agrès d'incendie. Au milieu de chacune de ces cours est un grand bassin destiné à former des réservoirs.

Les Corps-de-garde, les Portiques et Bassins précités, sont indiqués au plan par un trait pâle.

---

(1) Cette précaution est à-peu-près vaine relativement à la Bibliothèque que je projette, puisque toutes ses constructions sont incombustibles : mais elle pourrait devenir utile pour le voisinage.

'Au niveau du sol de l'Edifice, est un porche composé maintenant, compris ses faces latérales, de vingt-deux colonnes qui, par mon projet, se trouvent réduites au nombre de seize, et de quatre pilastres à trois faces. Deux de ces pilastres terminent deux hantes formées par le prolongement des murs latéraux, pour donner audit porche du sombre, à l'effet de caractériser l'entrée de la Bibliothèque, et pour remédier à l'impureté de deux pilastres accouplés d'autant plus maladroitement, qu'ils ne correspondent point aux colonnes qui sont *à peu-près* devant eux. Les deux autres pilastres sont dans la direction des colonnes latérales, pour recevoir la plate-bande de l'architrave qui les surmonte.

Dans le mur faisant fond au porche, est une large baye de porte donnant entrée à une espèce de vestibule, à droite et à gauche duquel sont deux escaliers en pierre, montant de fond et déservant des salles de dépôts pratiquées au droit des faces latérales. Au-delà dudit vestibule, est une vaste galerie divisée en cinq parties qui sont terminées par le haut; savoir : les deux parties des extrémités en voûte d'arrête, et les trois autres en cul-de-four avec pendentifs. L'une des parties, terminée en voûte d'arrête, et la plus voisine de la porte d'entrée, est percée de deux bayes de portes donnant à droite et à gauche entrée à des dépôts qui pourraient être des salles de Bibliothèque. Ces dépôts ont chacun quatre-vingt-quatre mètres superficiels. La seconde partie terminée en voûte d'arrête, est ainsi que celle précédemment décrite, percée de deux bayes de portes donnant entrée à d'autres dépôts pour les Estampes d'une part, et pour les Manuscrits de l'autre. Au-delà de ces dépôts, sont deux vastes salles éclairées du haut, et divisées sur leur hauteur en quatre étages d'armoires auxquelles on communique par des galeries disposées en amphithéâtre, lesquelles galeries sont desservies par des escaliers en pierre, à double rampe et montant de fond ; ces escaliers ont d'emmarchement 1 m., 30 c. ; au milieu de ces escaliers et au rez-de-chaussée, sont deux portes donnant sortie sur le jardin. Ces trois parties de galerie terminées du haut en cul-de-four à pendentifs, dégagent six grandes salles de 275 m. superficiels chaque. Ces salles sont garnies, sur trois faces, de 4 étages d'armoires en amphithéâtre, donnant emsemble un développement d'environ 1200 m. de longueur, sur 2 m., 45 c. de hauteur. Six escaliers à double rampe, savoir trois de chaque côté de la Bibliothèque, déservent de fond lesdits amphithéâtres. Ces escaliers sont disposés de manière à ce que leurs paliers soient communs entre eux à la hauteur des amphithéâtres. Cette disposition procure l'avantage de pouvoir desservir trois salles par un même escalier. Le sol de ces salles est élevé de 3 marches, sur celui de ladite galerie qui dans sa longueur et devant les pied-droits des arcades, est décorée de douze statues caractéristiques des Sciences, des Lettres et des Arts. Au bout de cette même galerie, qui a 80 m. de longueur, sur 14 m. de largeur, est au côté opposé à l'entrée, un second vestibule intermédiaire à droite et à gauche duquel sont deux portes donnant entrée à deux escaliers en pierre montant à la galerie des Médailles. Ce même vestibule sépare la galerie ci-dessus décrite, d'un Temple dédié à Apollon, au centre duquel est sa statue. Le sol de ce Temple est sur-élevé de 3 m. ; on y monte par des degrés en marbre pratiqués dans le soubassement formé par cette sur-élévation. Derrière ce Temple et extérieurement, est un portique de neuf arcades, décorant l'entrée particulière des Conservateurs-Bibliothécaires et autres. Au dessus de ce portique est une galerie de

276 m. superficiels, destinée à contenir les Médailles et des antiquités ; on y monte par de grands escaliers précédemment mentionnés. Devant et au pourtour du même portique, est une espèce de tertre sur lequel sont placés neuf groupes relatifs aux Muses.

A droite et à gauche de l'Edifice, sont extérieurement deux promenoirs publics plantés chacun de quatre rangs d'arbres, et d'une palissade dans l'épaisseur de laquelle sont des renfoncemens circulaires où sont placées les statues des hommes qui ont le plus illustrés les Sciences, les Lettres et les Arts. Aux entrées de ces promenoirs, sont des guérites pour portiers ou factionnaires.

Au fond des susdits promenoirs, sur un soubassement de la hauteur de celui du péristile de l'entrée principale de la Bibliothèque, sont deux pavillons destinés au logement des sous-Bibliothécaires, Concierges et garçons de Bibliothèque. A côté de ce pavillon, sont de grands escaliers montant dans un jardin public pourtournant le fond de l'Edifice principal. Dans ce jardin, sont pratiqués cinq pavillons d'habitation, destinés au logement des Conservateurs de la Bibliothèque. Le premier étage de ces pavillons est au rez du jardin ; chacun d'eux prend entrée sur une rue, par une cour particulière. Un bosquet avec bassin au milieu, sépare chacun de ces pavillons qui sont dirigés sur l'axe des rues, tendant au centre duquel est décrit le mur du jardin.

Une place décorée d'arbres et de gazons se raccordant à la plantation du Boulevard; une avenue correspondant audit Boulevard; des rues et des plantations, forment ensemble les accessoires du plan qui vient d'être décrit.

DESCRIPTION DE LA COUPE.

Le péron mentionné au plan, est divisé dans sa hauteur en deux parties égales, par un palier de repos, et monte sous le porche dont la voûte est décorée de divers compartimens et caissons. Dans les compartimens, sont des bas-reliefs composés de divers traits historiques, consignés dans les fastes de la République des Lettres.

Dans le vestibule à la suite dudit porche, les trois portes sont ajustées chacune de deux colonnes ioniques, et encadrées d'une moulure taillée. La voûte de ce vestibule est en berceau décoré d'un seul compartiment encadrant un large rinçeau continu

La grande galerie à la suite dudit vestibule, laquelle est divisée en cinq parties,
est décorée, savoir les deux parties des extrémités, de guirlandes avec patères et vases
au centre des courbures, le tout sculpté au
dessus des portes entrant dans les dépôts et
salles. Ces portes sont ajustées comme celles
du vestibule précédemment décrit, à l'exception qu'elles sont couronnées d'un fronton. Les demi-cercles motivés par les voûtes
d'arrête qui couvrent ces parties de la galerie, sont divisés chaque en cinq grands caissons au milieu desquels sont ajustés avec des
rinceaux, des Attributs des Sciences et des
Arts. Ces cinq caissons pourtournent un bas-
relief demi-circulaire, composé d'une figure
assise, caractérisant les objets contenus dans
la salle au-dessus de l'entrée de laquelle elle
se trouve.

Les lunettes des voûtes d'arrête couvrant
ces mêmes parties de galeries, sont ornées
chacune d'un médaillon contenant des hyé-
rogliphes. Les trois pointes de ces lunettes,
sont garnies de divers enroulemens de rinceaux d'ornemens.

Les trois autres parties de la grande galerie, consistent en huit pied-droits portant
trois culs-de-four en pendentifs ; chacun de

ces culs-de-four est percé d'une lanterne de
5 m. 50 c. de diamètre. Chaque pendentif est
orné d'une Renommée sonnant deux trom-
pettes. La voûte est décorée d'un chauve-
souris en sculpture, dont les découpures,
bordures et côtes sont formées de légers ornemens au milieu desquels sont des mé-
daillons contenant les portraits des Savans
les plus célèbres. Ces trois parties de galeries
donnent entrée aux six salles décrites à l'article du plan.

Ces six salles sont chacune couverte d'une
voûte en berceau, percée d'une vaste lanterne
donnant le jour du haut ; ces voûtes sont
chacune décorée de divers compartimens
avec bas-reliefs relatifs à la nature des ma-
tières dont traitent les livres que renferme
chaque salle. Les pignons desdits berceaux
sont décorés comme les demis-cercles motivés par les voûtes d'arrête de deux parties
de galeries précédemment décrites. Les ter-
rasses en amphithéâtre formant les galeries
de service pour les armoires, sont garnies
d'un garde-fou en bois, divisé en autant de
travées qu'il y a d'armoires.

Le second vestibule qui est intermédiaire
avec la grande galerie et le Temple à Apollon,

est en tout semblable à celui contigu au porche principal de l'Edifice.

Le Temple d'Apollon est chaussé d'un soubassement de marbre de la hauteur du premier étage des armoires, lequel est couronné d'une même corniche dans tout le pourtour de l'Edifice. Cette même corniche est celle des colonnes ioniques qui forment l'ajustement des portes. Au centre de ce Temple est la statue d'Apollon environnée de celles des neuf Muses placées dans des niches pratiquées à cet effet dans l'épaisseur du mur. Au-dessus de ces niches, est une guirlande en tout semblable à celles précédemment mentionnées.

La voûte de ce même Temple est percée à son centre supérieur, d'une vaste lanterne par laquelle le jour y pénètre, et son pourtour est décoré partie d'un rang de caissons encadrant des emblèmes particuliers aux Muses. Au-dessus de ces caissons, est un chauve-souris en tout semblable à ceux décrits à l'article des voûtes en pendentifs, couvrant les trois parties principales de la grande galerie. Les arcades du portique pourtournant extérieurement le Temple précité, sont dé-

corées d'archivoltes taillés de caissons, patères
et rosaces,

Un séul et même entablement pourtourne
intérieurement tout l'Edfice, des voûtes duquel il reçoit les retombées. La frise de cet
entablement est ornée de tables indicatives,
de griffons et rinçeaux.

La galerie des Médailles, qui est au-dessus
de ce portique, est éclairée du haut et gar-
nie dans son pourtour, à hauteur d'appui, d'une
table en pupitre, renfermant dans sa super-
ficie et sous verre, les Médailles et autres
petits objets. Au-dessus de cette table et
dans la hauteur de ladite galerie, sont des
armoires vîtrées destinées aux trophées an-
tiques et autres pièces de cette nature.

DESCRIPTION DE L'ÉLÉVATION.

Les portes pratiquées dans le soubassement,
donnant entrée aux deux cours décrites à
l'article du plan, sont ajustées avec divers
ornemens hydrauliques, à raison de ce qu'elles
donnent communication à des bassins ou réservoirs pour les secours d'incendie.

Au-dessus dudit soubassement, huit colonnes corinthiennes de proportion colossalle,
portent un entablement dont la frise est

ornée d'un rinçeau d'ornement. Cet entable-ment est couronné d'un fronton dans le tympan duquel est un bas-relief représentant Apollon placé au milieu des Muses sur le Parnasse, au pied duquel est le Pégase faisant sourdre l'Hippocrène. Une autre montagne figurant l'Hélicon, s'y distingue avec des groupes composés des plus célèbres Poëtes de l'antiquité. Ce bas-relief est composé d'après le Parnasse de Raphael.

Derrière le fronton ci-dessus décrit, est un attique dont la corniche seulement excède la hauteur dudit fronton. Cet attique pourtourne tout l'Edifice afin d'en cacher les combles et les lanternes.

Le mur du fond du porche, formé en partie des colonnes précitées, est chaussé d'un soubassement au-dessus de la corniche duquel sont des niches carrées, contenant les statues des principaux philosophes de l'antiquité. Au-dessus desdites niches et de la porte de la Bibliothèque, est un grand bas-relief représentant une suite de sujets particuliers aux Sciences, aux Lettres et aux Arts. Ledit mur est divisé par des refends en appareil, réglé à l'effet de faire valoir les colonnes qui se détachent plus purement sur ces espèces de fond que sur tout autre.

Les arrières corps sont en tout semblables au mur du fond du porche, à l'exception du bas-relief. Ces arrières corps sont terminés à l'angle extérieur, par un pilastre du même ordre que les colonnes.

F I N.